四川省地方标准

公路被动柔性防护网技术规程

Technical code for passive flexible barrier of highway

DB 51/T 2432—2017

主编单位:四川省交通运输厅公路规划勘察设计研究院
西南交通大学
成都奥思特边坡防护有限公司
成都新途科技有限公司
布鲁克(成都)工程有限公司
批准部门:四川省质量技术监督局
实施日期:2017 年 12 月 01 日

人民交通出版社股份有限公司

图书在版编目(CIP)数据

公路被动柔性防护网技术规程 / 四川省交通运输厅公路规划勘察设计研究院等主编. — 北京 : 人民交通出版社股份有限公司, 2018.7

ISBN 978-7-114-14760-9

Ⅰ. ①公… Ⅱ. ①四… Ⅲ. ①公路养护—技术规范 Ⅳ. ①U418.4-65

中国版本图书馆 CIP 数据核字(2018)第 118882 号

书　　名: 公路被动柔性防护网技术规程
著 作 者: 四川省交通运输厅公路规划勘察设计研究院
西南交通大学
成都奥思特边坡防护有限公司
成都新途科技有限公司
布鲁克(成都)工程有限公司
责任编辑: 黎小东
责任校对: 刘　芹
责任印制: 张　凯
出版发行: 人民交通出版社股份有限公司
地　　址: (100011)北京市朝阳区安定门外外馆斜街 3 号
网　　址: http://www.ccpress.com.cn
销售电话: (010)59757973
总 经 销: 人民交通出版社股份有限公司发行部
经　　销: 各地新华书店
印　　刷: 北京市密东印刷有限公司
开　　本: 880×1230　1/16
印　　张: 2.5
字　　数: 70 千
版　　次: 2018 年 7 月　第 1 版
印　　次: 2018 年 7 月　第 1 次印刷
书　　号: ISBN 978-7-114-14760-9
定　　价: 40.00 元
(有印刷、装订质量问题的图书,由本公司负责调换)

目　次

前　言

根据川质监函〔2014〕100 号文的要求，编制组认真调查和总结了近年来被动柔性防护网使用中的经验和出现的问题，吸收了编写单位近年来开展的相关课题和试验研究成果，参考了国内外先进标准，在广泛征求意见的基础上，制定本规程。

本规程共包括 11 章和 4 个附录，主要包括总则，术语和符号，基本规定，勘察及评估，工程设计，质量检验，包装、运输、储存和安装，工程验收，保养和维修，材料性能检验，部件性能检验，整体性能检验等。其中，整体性能检验参考了欧洲技术认可组织（EOTA）颁布的《Guideline for European Technical Approval of Falling Rock Protection Kits》（2012 版）。

本规程由四川省质量技术监督局审查批准，四川省交通运输厅负责管理，四川省交通运输厅公路规划勘察设计研究院负责具体技术内容的解释。本规程执行过程中如有意见或建议，请寄送至四川省交通运输厅公路规划勘察设计研究院规程日常管理组（地址：成都市武侯祠横街 1 号；邮编：610041）。

本规程起草单位：四川省交通运输厅公路规划勘察设计研究院
西南交通大学
成都奥思特边坡防护有限公司
成都新途科技有限公司
布鲁克（成都）工程有限公司

本规程主要起草人：程　强　赵世春　余志祥　许　浒　余建华
刘天翔　齐　欣　洪习成　韦　韬　原振华
马洪生　吕汉川　杨昌凤　沈钟飞　袁　泉
赵　雷　张一帆　任全纲

本规程主要审查人员：郑　治　冉茂云　何思明　刘宗绪　肖广文
张一平　兰庭文　张清祥　何赓馀　蒋忠信
康景文

公路被动柔性防护网技术规程

1 范围

本规程规定了公路被动柔性防护网勘察及评估,工程设计,质量检验,包装、运输、储存和安装,工程验收,保养和维修等要求。

本规程适用于公路边坡落石灾害防护中采用的被动柔性防护网结构的设计、施工及维护工作。

2 规范性引用文件

下列文件对于本文件的应用是必不可少的。凡是注日期的引用文件,仅注日期的版本适用于本文件。凡是不注日期的引用文件,其最新版本(包括所有的修改单)适用于本文件。

GB/T 1591　低合金高强度结构钢
GB/T 6946　钢丝绳铝合金压制接头
GB/T 700　碳素结构钢
GB/T 5976　钢丝绳夹
GB 50017　钢结构设计规范
GB 50755　钢结构工程施工规范
GB/T 20118　一般用途钢丝绳
GB 50330　建筑边坡工程技术规范
GB/T 20492　锌-5%铝-混合稀土合金镀层钢丝、钢绞线
GB/T 13912　金属覆盖层　钢铁制件热浸镀锌层技术要求及试验方法
GB 50010　混凝土结构设计规范
GB 50086　岩土锚杆与喷射混凝土支护工程技术规范
YB/T 5294　一般用途低碳钢丝
JTG D30　公路路基设计规范
YB/T 5343　制绳用圆钢丝
GB/T 25854　一般起重用D形和弓形锻造卸扣

3 总则

3.1　为使被动柔性防护网勘察及评估、设计、施工、维护规范化,做到安全适用、技术先进、经济合理,制定本规程。

3.2　被动柔性防护网工程应坚持因地制宜、保护环境和节约资源的原则,在地质勘察和落石评估分析的基础上,合理设计、精心施工、勤于养护。

3.3　被动柔性防护网可作为边坡落石防护工程的一部分,与其他工程措施配合使用,也可独立使用,使用时应充分考虑其耐久性和使用年限。

3.4　被动柔性防护网工程勘察、设计、施工及维护除应符合本规程外,尚应符合国家和行业现行有关标准的规定。

4 术语和符号

4.1 术语

4.1.1 被动柔性防护网 passive flexible barrier

采用锚杆、立柱、支撑绳和拉锚绳等固定方式，将金属柔性网以一定角度安装在坡面上，用以拦截落石的柔性栅栏式拦挡结构，俗称拦石网；其结构体系通常包含拦截结构、支撑结构、连接结构、耗能装置、基础五大部分。

4.1.2 极限防护能量 ultimate protective energy

被动柔性防护网能够成功拦截的落石最大冲击能量。

4.1.3 落石 rockfall

陡峻斜坡上岩土块体在重力作用或其他外力作用下突然向下坠落或滚落的现象。

4.1.4 落石弹跳高度 bounce height of rockfall

根据落石运动轨迹分析确定的落石距坡面的最大垂直高度。

4.1.5 参考坡面 reference slope

沿柔性防护网最大变形量方向的下坡坡面，其坡面角度 β 应与落石撞击网片前 1m 位置处的落石轨迹线方向平行，且允许 $\pm 20°$的偏差。

4.1.6 有效防护高度 effective protective height

沿垂直于参考坡面的方向进行测量，被动柔性防护网中上支撑绳与基座底板连线之间的最小距离。

4.1.7 剩余防护高度 residual protective height

被动柔性防护网将落石截停后的有效防护高度。

4.1.8 防护等级 protection grade

根据被动柔性防护网结构在防护体系中的作用、保护对象的重要性、结构破坏的危害程度、维护的难易程度以及经济性等因素，所确定的防护设防等级。

4.1.9 落石运动轨迹 movement path of rockfall

落石经过坠落、弹跳、滚动或滑动等一种或几种的组合沿着坡面向下快速运动，最后在较平缓的地带或障碍物附近静止下来的连续空间位移曲线。

4.1.10 支撑绳 support rope

用以实现金属柔性网按设计形式铺挂、对金属柔性网起支撑加固作用的钢丝绳。一般根据其布置位置分为上支撑绳和下支撑绳。

4.1.11 缝合绳 suture rope

金属柔性网之间或金属柔性网与支撑绳之间缝合联结的钢丝绳。

4.1.12 拉锚绳 anchor rope

连接立柱与基础锚杆的钢丝绳，根据其位置和作用的不同可分为上拉锚绳、下拉锚绳、侧拉锚绳和中间加固拉锚绳。

4.1.13 耗能装置 energy dissipating device

配置于支撑绳和拉锚绳等连接结构上的用于吸收冲击能量的装置。

4.1.14 钢丝绳网 wire rope net

用钢丝绳编制并在交叉节点处连接固定的金属柔性网。

4.1.15 环形网 ring net

用钢丝盘结或缠绕成环，并相互套接而形成的金属柔性网。

4.1.16 立柱 post

支撑钢丝绳和金属柔性网的构件。

4.1.17 基座 base plate

立柱的定位基础板。

4.1.18 钢丝格栅 steel wire mesh

铺设于钢丝绳网或环形网上表面的用钢丝编织的格栅网。

4.1.19 节点卡扣 cross clip

一种实现两根钢丝绳交叉节点紧固的特殊扣件。

4.1.20 跨度 span

相邻立柱间的距离。

4.1.21 总体设计 general design

在勘察及评估工作基础上，针对被动柔性防护网进行的总体性设计，其内容包括确定极限防护能量、防护等级、跨度、防护高度，提出材料选用及耐久性要求，提出制作、安装和维护要求等。

4.1.22 结构体系设计 structure system design

合理确定被动柔性防护网结构体系，对被动柔性防护网结构进行设计、计算和试验，配置结构部件，明确构造要求。

4.2 符号

4.2.1 作用和作用效应

E_{k}——落石最大冲击能量；

$T_{n,max}$——拦截结构中受力单元最大计算内力；

$T_{r,max}$——钢丝绳最大拉力；

N——立柱轴心压力；

M_x、M_y——同一截面处绕 x 轴和 y 轴的弯矩。

4.2.2 计算指标

d_S——被动柔性防护网与其所保护区域或建筑物间顺参考坡面的安全距离；

d_B——防护网在遭受其极限防护能量相应的落石冲击时的最大缓冲位移标准值；

F_0——耗能装置的工作荷载；

Δ_d——单个耗能装置最大变形量；

F_{st}——耗能装置静态启动荷载；

F_{dt}——耗能装置动态启动荷载；

$[T_n]$——拦截结构中基本环链的破断拉力最小值；

$[T_r]$——钢丝绳的最小破断拉力；

f——钢材的抗拉、抗压和抗弯强度设计值；

A_b——锚杆体截面面积；

P_d——锚杆设计锚固力；

F_{ptk}——普通钢筋或钢丝绳的抗拉设计强度；

L_r——地层与注浆体间黏结长度；

L_g——注浆体与锚杆体间黏结长度；

f_{rb}——地层与注浆体间黏结强度设计值；

f_b——注浆体与锚杆体间黏结强度设计值。

4.2.3 几何参数

h_b——落石弹跳高度；

h_p——有效防护高度；

h_r——剩余防护高度；

α——落石撞击网片前 1m 位置处的轨迹方向与水平面夹角；

β——参考坡面的坡角；

i——跨度；

A_n、A——立柱设计截面的净截面面积和毛截面面积；

W_{nx}、W_{ny}——对 x 轴和 y 轴的净截面模量；

W_{1y}——在弯矩作用平面内对受压最大纤维的毛截面模量；

d——锚杆锚固段段钻孔直径；

d_g——锚杆体材料直径。

4.2.4 计算系数及其他

γ_d——防护网缓冲位移分项系数；

$\eta_{s,d}$——整体结构中支撑绳上耗能装置的耗能比例系数；

$\eta_{a,d}$——整体结构中拉锚绳上耗能装置的耗能比例系数；

β_b——考虑耗能装置未完全工作的调整系数；

α_m——构件承载力储备系数，对于不同构件取值不同；

γ_x、γ_y——截面塑性发展系数；

N'_{Ey}——钢结构稳定设计计算参数；

λ_y——构件截面对 y 轴的长细比；
ϕ_y——弯矩作用平面内的轴心受压构件稳定系数；
K_1、K_2——锚杆锚固体设计安全系数；
n——锚杆钢筋根数。

5 基本规定

5.1 常用的被动柔性防护网结构构成如图1所示，通常由拦截结构、支撑结构、连接结构、耗能装置和基础五部分组成，一般包含以下部件：

a) 拦截结构——金属柔性网；
b) 支撑结构——立柱；
c) 连接结构——上、下支撑绳，拉锚绳；
d) 耗能装置——各类耗能装置，如减压环、U形耗能件等；
e) 基础——基座、锚杆。

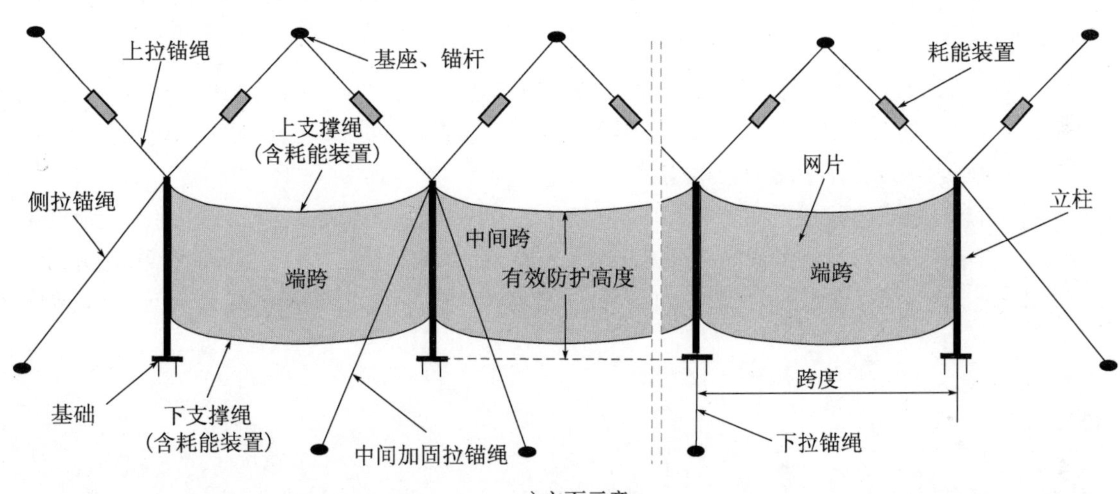

a) 立面示意

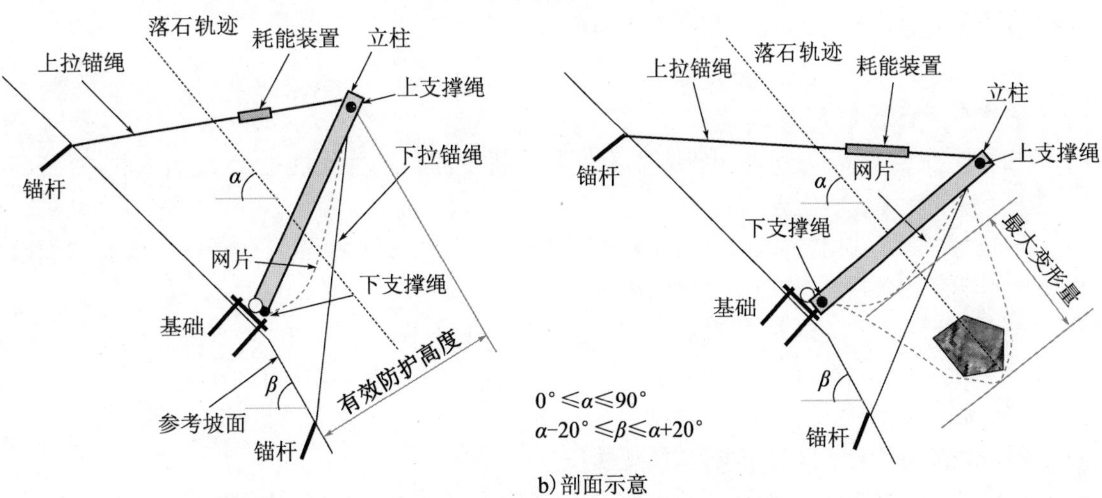

b) 剖面示意

说明：耗能装置的具体配置依据不同极限防护能量而定。

图1 常见被动柔性防护网结构的组成

5.2 被动柔性防护网结构设计时，应根据被保护物的重要性、结构破坏的危害程度、更换维护的难易程度以及经济性等因素，按表1采用不同的防护等级。

表 1　被动柔性防护网结构防护等级

防护等级	危害程度	性能目标
一级	大	能够实现预期防护要求，除耗能装置外其余系统无损坏，无须处理或仅需替换耗能装置后即可继续正常工作
二级	中	能够实现预期防护要求，且系统有损坏，须经修复或替换局部部件后可继续正常工作
三级	小	基本能实现预期防护要求，系统修复困难
注：危害程度可根据本规程 6.2.3 确定。		

5.3　被动柔性防护网设计应包括下列内容：

a）勘察及评估；

b）总体设计；

c）结构体系设计；

d）基础设计。

5.4　应对拟防护区域进行崩塌落石等地质灾害的专项调查评估，以确定被动柔性防护网的极限防护能量、有效防护高度、防护等级等。设计前应进行充分的现场测绘及勘察工作，获取必要的地形剖面和地质资料，合理确定防护工程布设位置和范围。

5.5　被动柔性防护网结构应根据其防护要求、自然条件及耐久性等要求进行材料选用。

5.6　被动柔性防护网的设计应考虑防护要求、支承条件、制作加工、施工条件及其他特殊情况。

5.7　被动柔性防护网设计时，应考虑其可维护性，并设置相应的保养及维护通道以保证关键部位能够通达。

6　勘察及评估

6.1　勘察

6.1.1　应对边坡开展如下资料收集、调查和测量工作：

a）收集灾害点气象、水文及地震动参数资料；

b）确定被保护物的位置和性质；

c）调查地形地貌特征及边坡区的植被发育情况，尤其是坡面冲沟的位置，地表水在坡面径流、汇集及排泄状况；

d）调查边坡岩体结构特征，包括边坡岩性及岩性组合、风化卸荷程度，岩体中主要结构面发育情况及特征，结构面与临空面的空间组合关系等；

e）调查地下水出露的位置，以及和潜在失稳岩体间的关系；

f）调查访问灾害发育历史，包括发生时间及频率、单次失稳规模、落石运动路径、危害范围、落石粒径大小等；

g）调查潜在失稳岩土体分布的位置、规模；

h）测绘典型边坡地质剖面，上部超出崩塌源位置、下部超过崩塌落石最远危害范围；

i）测绘被动柔性防护网设计位置剖面图，反映地形起伏和基础地质条件，以便合理布置立柱位置。

6.1.2　应对边坡开展如下地质勘察工作：

a）对拟设被动柔性防护网区域进行工程地质勘察，查明立柱基础及拉锚杆区工程地质条件，评估地基稳定性和锚固段岩土体稳定性，获取地基岩土承载力和锚固段岩土体与锚固体黏结强度等参数；

b） 立柱基础及锚杆工程地质勘察以工程地质调查和坑槽探为主，必要时辅助地质钻探。

6.1.3 高位危岩体难以通达时，调查及测量宜采用无人机摄影辅助调查、数码摄影测量、三维激光扫描等方法。

6.2 评估

6.2.1 分析评估边坡岩土体稳定性，确定潜在失稳岩体位置、失稳破坏模式。

6.2.2 分析评估边坡岩土体失稳频率、单次失稳岩体规模、岩块块体尺寸，分析预测失稳岩土体坡面运动路径、弹跳高度、危害范围等，分析评估被动柔性防护网的适用性。

6.2.3 根据落石灾害危害对象特点、灾害发生后产生的后果，评估灾害发生后对危害对象的危害程度，按表2划分为大、中、小三个等级。

表2 落石危害程度划分

危害程度	危害对象	危害
大	高速公路和一级公路，二级及二级以下公路中的桥、隧构筑物	桥梁、隧道洞口等构造物受损，路基受损，危害运营安全
中	二级及二级以下公路	路基受损，危害运营安全
小	临时工程	临时工程受损，不构成人员伤亡
注：当临时工程中保护对象有较高要求，或临时工程受损可能造成较大人员伤亡和财产损失时，应提高危害程度划分等级。		

6.2.4 对拟设被动柔性防护网位置处的落石冲击动能进行预测，确定落石最大冲击能量。计算冲击能量时，应充分考虑崩塌落石灾害可能的失稳规模和单次失稳块体的数量。

6.3 报告编制

6.3.1 勘察报告的编制应充分利用勘察取得的各项地质资料，在综合分析的基础上进行，所依据的原始资料在使用前均应检查、分析、整理，确认无误。

6.3.2 勘察评估报告主要由文字报告、图件和图表组成。

6.3.3 文字报告主要包括如下内容：

a） 项目概况：主要包括拟治理灾害点的工程概况、任务依据、执行标准、勘察评估方法及完成的工作量、勘察评估过程等；

b） 工程地质条件：主要包括地形地貌、地层岩性、地质构造、边坡地质结构及岩土性质、水文地质条件、主要不良地质现象等；

c） 工程地质评估及建议：主要包括边坡稳定性分析评价、潜在失稳破坏模式、潜在失稳岩土体的稳定性及失稳规模、失稳岩土体运动特征及危害范围、冲击能量预测、防护等级建议、防护网适宜性评价、防护网布置位置建议、地基持力层选择及岩土参数建议等。

6.3.4 图件和图表：主要包括工程地质平面图、纵剖面图、横剖面图，以及相应的试验测试资料。

6.3.5 针对被动柔性防护网的勘察报告，可与其他边坡防治工程勘察报告合并编制；当无独立勘察报告时，设计文件中应包含本规程规定勘察评估报告的相关内容。

7 工程设计

7.1 一般规定

7.1.1 被动柔性防护网工程设计应在场地调查,进行防护工程初步布置基础上,合理布置并开展基础工程地质勘察和崩塌落石灾害调查评估,查明被动网基础工程地质条件,分析预测落石运动轨迹、冲击能量,评估被动柔性防护网结构的适宜性。

7.1.2 被柔性防护工程总体设计应满足采购、质量检验、施工安装、工程验收和后期维护的需要,设计文件应包括设计说明和被动柔性防护网布置图等相关图件,一般应包括如下内容:

a) 场地工程地质概况,基础工程地质条件,落石运动轨迹、冲击能量预测结果;
b) 被动柔性防护网坡面布置范围和位置;
c) 基础工程设计;
d) 结构构成与几何尺寸;
e) 材料、构件及结构整体技术要求及其检验方法;
f) 环境保护;
g) 保养和维护要求;
h) 施工安装方法及特别要求。

7.1.3 被动柔性防护网结构体系设计应满足加工制造要求,结构体系设计报告应提供拉锚绳设计拉力、立柱基础承载力,供锚杆和基础设计使用。

7.1.4 被动柔性防护网工程设计选用的材料或构件,应满足防护网承载力相关技术要求,并满足防护工程设计使用年限的防腐蚀要求。对于尚无现行标准规定试验方法的,设计时还宜指定专用试验方法。

7.1.5 被动柔性防护网的结构体系设计,可按本规程 7.4 相关规定进行,也可在已有经验基础上进行定型设计;定型设计产品应满足 7.4.7 ~7.4.17 各条规定,并按本规程附录 C 进行整体性能检验。

7.2 总体设计

7.2.1 被动柔性防护网工程总体设计,应确定防护网的布设位置和范围、极限防护能量、有效防护高度等。

7.2.2 在分析预测落石运动轨迹基础上,结合被保护对象位置和特点,按以下原则布置被动柔性防护网:

a) 被动柔性防护网宜沿同一高程附近直线延伸布置,被动防护网的走向两端应向所在高程落石威胁区域两侧边界外延伸至少 5 ~10m。
b) 当沿高程延伸线分段平行布置多道被动柔性防护网时,相邻两道防护网重叠区域应不小于一跨长度。
c) 支撑结构应避开坡面冲沟等落石危害最严重的区域。
d) 被动柔性防护网与其所保护区域或建筑物间顺参考坡面的安全距离,应符合式(1)的要求。

$$d_S \geqslant d_B \gamma_d \tag{1}$$

式中:d_S——被动柔性防护网与其所保护区域或建筑物间顺参考坡面的安全距离(m);
d_B——防护网在遭受其极限防护能量相应的落石冲击时的最大缓冲位移标准值(m);
γ_d——防护网缓冲位移分项系数,一般宜取 1.3。

7.2.3 被动柔性防护网防护设计极限防护能量应根据防护等级按式(2)确定。

$$E_u = kE_k \tag{2}$$

式中:E_u——被动柔性防护网设计极限防护能量(kJ);

E_k——落石最大冲击能量(kJ)；

k——安全系数,防护等级为一级、二级、三级时,分别取1.5、1.2、1.0。

7.2.4 被动柔性防护网的跨度宜为8～12m。

7.2.5 根据勘察与评估结果,按式(3)确定有效防护高度h_p。

$$h_p \geqslant h_b + D \tag{3}$$

式中:h_p——有效防护高度(m)；

h_b——落石弹跳高度(m)；

D——落石最大长边尺寸,当D小于1m时,取1m。

7.2.6 根据被保护工程对象特点及被动柔性防护网在防护体系中的作用,提出材料选用及耐久性要求,制作、安装和维护要求,以及质量检验和后期维护要求。

7.3 材料

7.3.1 为了保证柔性防护网结构的防护能力,避免出现脆性破坏,应根据结构的极限防护能量、防护等级、结构布置、连接方式、钢材厚度及工作环境等因素综合考虑,选择合适的钢材牌号和材性。支撑结构宜采用Q235、Q345钢,其质量应分别符合《碳素结构钢》(GB/T 700)和《低合金高强度结构钢》(GB/T 1591)的规定。当采用其他牌号的钢材时,尚应符合相应有关标准的规定和要求。

7.3.2 钢材应具有抗拉强度、伸长率、屈服强度、冷弯试验、冲击韧性和硫、磷含量的合格保证,对于焊接结构,尚应具有碳含量的合格保证。

7.3.3 钢结构的连接材料应符合《钢结构设计规范》(GB 50017)的规定。

7.3.4 柱脚锚栓宜采用螺纹钢车丝制作,并应符合《钢结构工程施工规范》(GB 50755)的规定。

7.3.5 普通钢丝应符合《一般用途低碳钢丝》(YB/T 5294)的规定,高强预应力钢丝应符合《制绳用圆钢丝》(YB/T 5343)的规定。

7.3.6 钢丝绳应符合《一般用途钢丝绳》(GB/T 20118)的规定,其强度不应低于1770MPa,热镀锌等级不低于AB级。

7.3.7 钢丝绳连接应符合《钢丝绳夹》(GB/T 5976)和《钢丝绳铝合金压制接头》(GB/T 6946)的规定。

7.3.8 锚杆材料应根据锚固要求,选择普通钢筋或高强精轧螺纹钢筋。

7.3.9 采用其他材料时,应分别符合相关材料规范并满足防护等级需求。

7.4 结构体系设计

7.4.1 被动柔性防护网结构体系设计应采用有限元方法进行结构计算分析,各部件和连接节点应满足承载力及构造要求。

7.4.2 结构计算分析所采用的计算模型应包含不少于3跨拦截结构。

7.4.3 对于极限防护能量不大于5000kJ且需要设置耗能装置的被动防护网,各部件耗能比例系数宜满足表3的要求。

表3 各部件的耗能比例系数

部件	拉锚绳耗能装置$\eta_{a,d}$	支撑绳耗能装置$\eta_{s,d}$	其他η
耗能比例系数	≥0.2	≥0.6	≤0.2

7.4.4 设计计算时,应考虑不同的落石冲击工况,冲击加载顺序和相应的冲击动能应按照表4选取。

表4　落石冲击加载工况及顺序

防护等级	加载顺序	冲击工况	冲击能量
一级	1	中间跨及边跨拦截结构连续两次冲击	1/3 设计极限防护能量
	2	中间跨及边跨拦截结构单次冲击	设计极限防护能量
	3	中间跨及边跨支撑结构直接遭受冲击	1/3 设计极限防护能量
二级、三级	1	中间跨拦截结构连续两次冲击	1/3 设计极限防护能量
	2	中间跨拦截结构单次冲击	设计极限防护能量

7.4.5　设计过程中，要求考虑落石对钢柱的直接冲击作用时，被动柔性防护网结构不应出现体系崩溃。

7.4.6　被动柔性防护网结构计算分析应符合如下规定：

a)　被动柔性防护网结构计算分析应在初始外形与初始应力分布的基础上进行；

b)　应考虑拦截结构、支撑结构、连接件的空间协同工作；

c)　计算时应采用动力理论，充分考虑落石的动力冲击效应；

d)　被动柔性防护网结构的受力分析可采用基于连续化和离散化的理论，分析时应考虑结构的几何非线性和材料非线性；

e)　支撑结构分析计算时应采用具有压弯特性的空间梁单元；

f)　拦截结构可采用索单元、梁单元或桁架单元；基于网片单元的力—位移试验结果，拦截结构可简化为正交索网或斜交索网；

g)　耗能装置应根据其力—位移特性采用相应的分析单元；

h)　应考虑连接结构与支撑结构及连接结构与拦截结构间的连接滑移边界关系，并选用合适单元反映其实际工作特性；

i)　整体结构计算应采用完整再现整个冲击过程的程序，其技术条件应符合本规程和国家现行有关标准的要求。

7.4.7　拦截结构中的受力单元内力应满足式(4)的要求。

$$T_{n,max} \leqslant \frac{[T_n]}{\alpha_m} \tag{4}$$

式中：$T_{n,max}$——拦截结构中受力单元最大计算内力；

$[T_n]$——拦截结构中基本环链的破断拉力最小值，环形网可按附录 B 中表 B.1 取值；

α_m——构件承载力储备系数，防护等级为一级时取 1.4，防护等级为二级时取 1.2，防护等级为三级时取 1.1。

7.4.8　立柱承载力和稳定性，应分别满足式(5)和式(6)的要求。

$$\frac{N}{A_n} \pm \frac{M_x}{\gamma_x W_{nx}} \pm \frac{M_y}{\gamma_y W_{ny}} \leqslant \frac{f}{\alpha_m} \tag{5}$$

式中：N——立柱轴心压力；

A_n——立柱设计截面的净截面面积；

M_x、M_y——同一截面处绕 x 轴和 y 轴的弯矩(规定 y 轴为弱轴)；

W_{nx}、W_{ny}——对 x 轴和 y 轴的净截面模量；

γ_x、γ_y——截面塑性发展系数，取值应符合《钢结构设计规范》(GB 50017)的规定；

α_m——承载力储备系数，防护等级为一级时取 1.6，防护等级为二级时取 1.4，防护等级为三级时取 1.2；

f——钢材的抗拉、抗压和抗弯强度设计值。

$$\frac{N}{\varphi_y A} \pm \frac{M_y}{\gamma_y W_{1y}\left(1 - 0.8\frac{N}{N'_{Ey}}\right)} \leqslant f \tag{6}$$

式中：N'_{Ey}——参数，$N'_{Ey} = \pi^2 EA/(1.1\lambda_y^2)$；

A——立柱设计截面的毛截面面积；

λ_y——构件截面对 y 轴的长细比；

φ_y——弯矩作用平面内的轴心受压构件稳定系数，应符合《钢结构设计规范》(GB 50017)的规定；

W_{1y}——在弯矩作用平面内对受压最大纤维的毛截面模量。

7.4.9 上、下支撑绳，上拉锚绳以及侧拉锚绳的承载力，应满足式(7)的要求。

$$T_{r,max} \leqslant \frac{[T_r]}{\alpha_m} \tag{7}$$

式中：$T_{r,max}$——钢丝绳最大拉力；

$[T_r]$——钢丝绳最小破断拉力，应符合《一般用途钢丝绳》(GB/T 20118)的规定；

α_m——承载力储备系数，防护等级为一级时取 1.8，防护等级为二级时取 1.5，防护等级为三级时取 1.2。

7.4.10 耗能装置应按以下原则进行布置：

a) 网片运动过程中不应阻碍耗能装置的变形；

b) 立柱支撑点不应阻碍耗能装置的变形和支撑绳的滑移，支撑绳上的耗能装置距离立柱支撑点应有足够距离；

c) 若采用串联方式导致变形量过大时，可采用并联方式，并联后启动力为各并联耗能装置启动力之和。

7.4.11 设置于支撑绳和上拉锚绳上的耗能装置，可采用串联、并联和串并结合的配置方式，其数量可按式(8)确定。

$$n = \frac{\eta\beta_b E_k}{F_0\Delta_d} \tag{8}$$

式中：E_k——落石最大冲击能量；

η——耗能比例系数，支撑绳上耗能装置 $\eta_{s,d}$、拉锚绳上耗能装置 $\eta_{a,d}$ 分别按表 3 取值；

β_b——考虑耗能装置未完全工作的调整系数，支撑绳上的耗能装置 $\beta_{b,s}$ 取 1.3，拉锚绳上的耗能装置 $\beta_{b,a}$ 取 1.1；

F_0——耗能装置工作荷载；

Δ_d——单个耗能装置最大变形量，对于常用规格的减压环，可参考附录 B 中表 B.2 的规定。

7.4.12 耗能装置应具备合适的启动力，以保证在结构受到冲击时能够启动工作；同时应具备足够的行程，以满足最小耗能需求。耗能装置的静态启动荷载与动态启动荷载应满足以下要求：

$$F_{st} \geqslant \frac{0.2[T_r]}{\alpha_m} \tag{9}$$

$$F_{dt} \leqslant \frac{0.7[T_r]}{\alpha_m} \tag{10}$$

式中：F_{st}——耗能装置静态启动荷载；

F_{dt}——耗能装置动态启动荷载。

7.4.13 柱脚与基座应符合如下规定：

a) 柱脚在垂直于冲击方向应具有不低于 15°的两侧自由转动能力，在冲击方向应能完全自由转动，如图 2 所示。

b) 柱脚连接与基座应进行承载力验算。

c) 对于非定型柱脚与基座产品,当采用销轴连接时,各销孔间的同轴度误差不应大于 1.5mm,并应对销轴进行抗剪验算。柱脚耳板和基座耳板均应进行抗剪承载力验算,同时对基座耳板还应进行局部承压验算。

d) 基座底板厚度不宜小于 16mm。

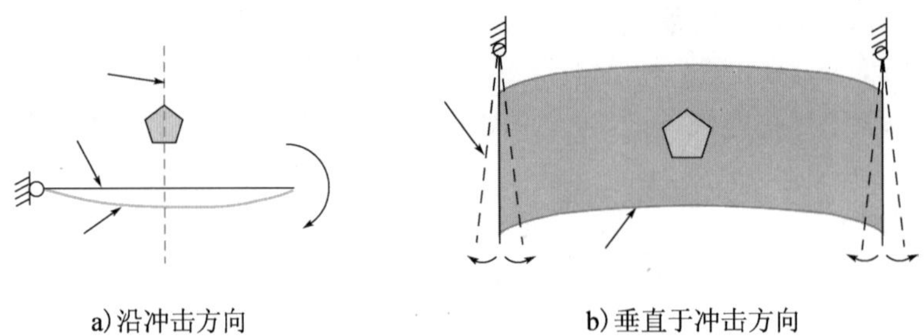

a)沿冲击方向　　b)垂直于冲击方向

图 2　柱脚转动能力

7.4.14 构造设计应符合如下规定:

a) 应确保结构各部件之间具备可靠连接;

b) 应满足支撑绳与立柱之间的相对滑移要求,同时保证耗能装置的充分启动;

c) 应确保冲击荷载作用能够充分有效地传递至拉锚绳;

d) 网片与支撑绳之间的连接应能满足网片沿支撑绳的滑移要求;

e) 缝合绳的选用应按照与被缝合网片等强的原则,且不宜选用小于 ϕ8mm 的钢丝绳;

f) 钢丝绳在立柱两端部位应有可靠支撑,并保证自由滑动,钢丝绳与支撑点接触处的转弯半径应不小于钢丝绳直径的 5 倍。

7.4.15 钢丝绳夹应符合《钢丝绳夹》(GB/T 5976)的规定,并满足如下要求:

a) 按图 3 所示把夹座扣在钢丝绳的工作段上,U 形螺栓扣在钢丝绳的尾段上。钢丝绳夹不得在钢丝绳上正反交替布置。

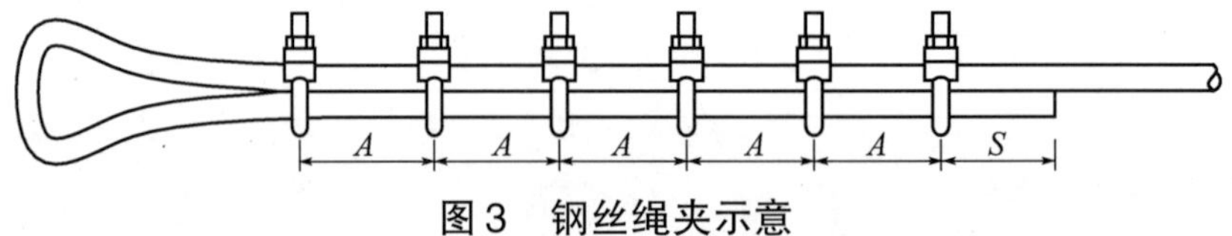

图 3　钢丝绳夹示意

b) 钢丝绳夹间的距离 A 可取 6 ~ 7 倍钢丝绳直径,外留长度 S 不得小于 6 倍钢丝绳直径。

c) 钢丝绳夹固定处的抗拉强度应不小于钢丝绳自身抗拉强度的 80%。绳夹在实际使用中,受载 1 ~ 2 次以后应做检查,螺母需要进一步拧紧。

d) 紧固绳夹时须考虑每个绳夹的合理受力,离套环最远处的绳夹不得首先单独紧固。离套环最近处的绳夹(第一个绳夹)应尽可能紧靠套环,但仍须保证绳夹的正确拧紧,不得损坏钢丝绳的外层钢丝。

e) 每一连接处所需钢丝绳夹的最少数量应满足表 5 的要求。

表 5　钢丝绳夹的数量要求

钢丝绳直径(mm)	≤18	18 ~ 26	26 ~ 36
钢丝绳夹数量	3	4	5

7.4.16 钢丝绳铝合金压制接头应符合《钢丝绳铝合金压制接头》(GB/T 6946)的规定,并满足如下要求:

a) 采用铝合金压制接头的直径大于 20mm 的钢丝绳公称抗拉强度不得超过 1870MPa。

b) 采用套环时,包络套环的钢丝绳不得有松股现象,应贴合紧密、平整。

c) 当无套环时,接头到绳套内边的距离 L 必须大于或等于 $3B$(B 为锚固件宽度)或 $15d$(d 为钢丝绳直径),如图 4 所示。

d) 钢丝绳端部应超出接头(1.0~1.5)d(d 为钢丝绳直径)。

e) 铝合金压制接头应能承受钢丝绳破断拉力的 90% 的静力荷载以及 30% 的冲击荷载。

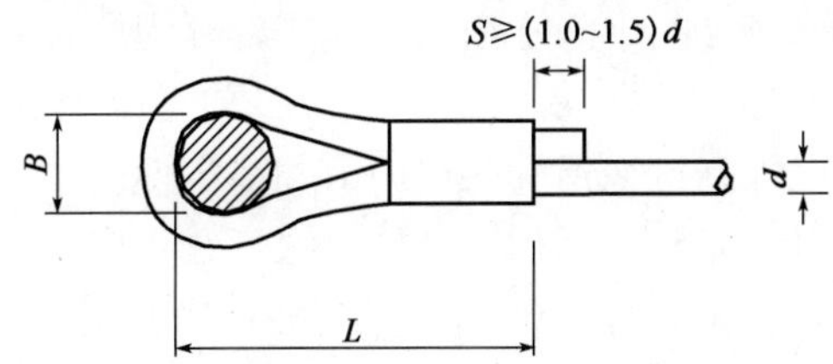

图 4 钢丝绳铝合金压制接头示意

7.4.17 卸扣应符合规范《一般起重用 D 形和弓形锻造卸扣》(GB/T 25854)的规定,并满足如下要求:

a) 卸扣应光滑平整,不允许有裂纹、锐边、过烧等缺陷。

b) 严禁使用铸铁或铸钢的卸扣。扣体可选用镇静钢锻造,轴销可采用棒料锻后机加工。

c) 不应在卸扣上钻孔或焊接修补。扣体和轴销永久变形后,不得进行修复。

d) 使用时,应检查扣体和插销,不得严重磨损、变形和疲劳裂纹。横向间距不得受拉力,销轴必须插好保险销。

e) 销轴正确装配后,扣体内宽不得明显减少,螺纹连接良好。

f) 卸扣的使用不得超过规定的安全负荷。

7.5 基础设计

7.5.1 基础包括上拉锚绳、侧拉锚绳、下拉锚绳、中间加固拉锚绳的基础以及被动防护网的立柱基础。

7.5.2 基础设计之前,应开展工程地质调查及勘察工作,查明地基工程地质条件,确定地基岩土层设计参数。

7.5.3 立柱基础应符合如下规定:

a) 立柱基础埋深不宜小于 0.5m,并应满足稳定性和承载能力的要求。当地基为中~未风化的较完整~完整基岩时,应采用钻孔锚杆基础,否则应采用混凝土基础,并根据承载力和稳定性要求确定基础的埋深和尺寸。

b) 立柱基础应采用矩形截面,基础长轴方向与该基础中心和其左右基础中心连线夹角的平分线方向一致。

c) 地脚螺栓锚杆宜采用精轧螺纹钢筋,也可采用普通螺纹钢筋在一端加工不短于 150mm 的螺纹段,螺纹规格应能承受不小于 50kN 的紧固力。地脚螺栓锚杆总长应不小于 1.0m,埋入基础内的长度应不小于 0.9m。地脚螺栓锚杆直径宜不小于 28mm。

d) 立柱基础混凝土的强度等级不应低于 C25。当地下水有侵蚀性时,水泥应按有关规定选用。

e) 立柱基础纵向受力钢筋直径不应小于 16mm,净距不宜小于 120mm。当采用束筋时,每束不宜多于 3 根。受力钢筋混凝土保护层厚度不应小于 60mm。

f) 纵向受力钢筋的截断点应按《混凝土结构设计规范》(GB 50010)进行计算。

g) 箍筋宜采用封闭式,直径不宜小于 14mm,间距不应大于 200mm。

h) 立柱基础两侧及受压边应配置纵向构造钢筋,其间距宜为 200~400mm,直径不宜小于 14mm。

i) 地脚螺栓锚杆外露段以及与其相邻的埋入地层的不小于 100mm 区段表面应采用热浸镀锌处理,镀层厚度不小于 55μm。

j) 混凝土基础开挖不宜采用爆破作业。

7.5.4 钢丝绳锚杆基础应符合如下规定:

a) 当设置上拉锚绳、侧拉锚绳、下拉锚绳、中间加固拉锚绳锚杆位置的地基条件可以满足设计锚固力要求时，所需锚杆根数及长度应根据基础设计内力值确定；反之，当地基条件不能满足设计锚固力要求时，可考虑采用混凝土基础，其尺寸和埋深应满足稳定性和承载能力的要求，基础混凝土强度等级不应低于C25。

b) 上拉锚绳、侧拉锚绳、下拉锚绳、中间加固拉锚绳锚杆锚固段长度不宜小于2.5m。单根钢绳锚杆不能满足要求时，应增加锚绳根数。设计计算需要时，应增加压力注浆锚杆，将钢绳锚杆固定在压力注浆锚杆上，以提高钢绳锚杆的锚固力和稳定性。

c) 上拉锚绳、侧拉锚绳、下拉锚绳、中间加固拉锚绳锚杆孔径应不小于42mm。

d) 锚绳锚杆钻孔注浆材料宜采用水泥浆或水泥砂浆，其强度不宜低于25MPa。注浆采用孔底返浆法，注浆压力宜为0.2～0.4MPa。

e) 钢绳锚杆和压力注浆钢筋锚杆施工完成后，应按总数的5%随机抽样进行抗拔力检测，当有特殊要求时，可适当增加。

f) 钢绳锚杆混凝土基础不宜采用爆破作业。

7.5.5 不同极限防护能量柔性防护网内的立柱、上拉锚绳、侧拉锚绳、下拉锚绳和中间加固锚杆的设计内力，应在专项设计报告中提供，且不应小于表6中的数值。

表6 基础内力标准值最小取值(单位：kN)

部位		被动网能级(kJ)						
		500	750	1000	1500	2000	3000	5000
上拉锚绳合力		60	80	120	160	220	250	400
侧拉锚绳合力		30	30	30	35	50	65	80
下拉锚绳合力		30	30	30	35	50	65	80
中间加固锚绳合力		30	30	30	35	50	65	80
立柱	平行于冲击方向剪力	60	60	60	80	80	80	100
	垂直于冲击方向剪力	50	50	50	50	50	60	80
注：当连接结构(拉锚绳)内力较大时，可采用多根钢丝绳并联或增设压力注浆锚杆的方式布置。								

7.5.6 锚杆体锚固长度设计应遵循下列规定：

a) 锚固体(包含钢筋锚杆和钢丝绳锚杆)的承载能力由注浆体与锚孔壁的黏结强度、锚杆与注浆体的黏结强度及锚杆强度等三部分控制，设计时取其较小值。

b) 锚杆体截面积应按式(11)计算。

$$A_b = \frac{K_1 P_d}{F_{ptk}} \tag{11}$$

式中：A_b——锚杆体截面面积(m^2)；

K_1——锚杆杆体抗拉安全系数，按表7选取；

P_d——锚杆设计锚固力(kN)；

F_{ptk}——普通钢筋或钢丝绳的抗拉设计强度(kPa)。

c) 地层与注浆体间黏结长度应按式(12)计算。

$$L_r = \frac{K_2 P_d}{\pi d f_{rb}} \tag{12}$$

式中：L_r——地层与注浆体间黏结长度(m)；

d——锚杆锚固段钻孔直径(m)；

K_2——安全系数，按表7选取；

f_{rb}——地层与注浆体间黏结强度设计值(kPa)，应通过试验确定，当不具备试验条件时可按表8、表9选用。

表7 锚杆锚固体设计安全系数

安全系数	防护等级	锚杆服务年限≤2年 (临时锚杆)	锚杆服务年限>2年 (永久性锚杆)
K_1	一级	1.8	2.0
	二级	1.6	1.8
	三级	1.4	1.6
K_2	一级	1.8~2.0	2.0~2.2
	二级	1.6~1.8	1.8~2.0
	三级	1.4~1.6	1.6~1.8
注:土体或全风化岩中锚固体,K_2 应取表中较高值。			

表8 岩体与注浆体间黏结强度设计值

岩体类型	饱和单轴抗压强度 R_C(MPa)	黏结强度 f_{rb}(kPa)
极软岩	$R_C<5$	150~250
软岩	$5\leqslant R_C<15$	250~550
较软岩	$15\leqslant R_C<30$	550~800
较硬岩	$30\leqslant R_C<60$	800~1200
坚硬岩	$R_C\geqslant 60$	1200~2400
注1:表中数据适用于注浆强度等级为M30的情况。 **注2:**表中数据仅适用于初步设计,施工时应通过试验检验。 **注3:**岩体结构面发育时,取表中下限值。		

表9 土体与锚固体黏结强度设计值

土层种类	土的状态	黏结强度 f_{rb}(kPa)
黏性土	坚硬	60~80
	硬塑	50~60
	软塑	30~50
砂土	松散	90~160
	稍密	160~220
	中密	220~270
	密实	270~350
碎石土	稍密	180~240
	中密	240~300
	密实	300~400
注1:表中数据适用于注浆强度等级为M30的情况。 **注2:**表中数据仅适用于初步设计,施工时应通过试验检验。		

d） 注浆体与锚杆体间黏结长度应满足式(13)的要求。

$$L_g = \frac{K_2 P_d}{n\pi d_g f_b} \tag{13}$$

式中：L_g——注浆体与锚杆体间黏结长度(m)；

d_g——锚杆体材料直径(m)；

f_b——注浆体与锚杆体间黏结强度设计值(kPa)，应通过试验确定，当不具备试验条件时可参考表10选用。

n——锚杆体根数(根)。

表10 钢筋、钢丝绳与砂浆之间的黏结强度设计值 f_b(单位：MPa)

锚 固 类 型	水泥浆或水泥砂浆强度等级	
	M30	M35
水泥砂浆与螺纹钢筋间	2.40	2.70
水泥砂浆与钢绞线、高强钢丝间	2.95	3.40

注1：当采用2根钢筋点焊成束的做法时，黏结强度应乘以折减系数0.85。
注2：当采用3根钢筋点焊成束的做法时，黏结强度应乘以折减系数0.7。

e） 锚杆设计应符合下列规定：

1） 钢筋锚杆杆体材料宜采用HRB400钢筋，杆体钢筋直径宜为16～32mm；

2） 钢丝绳锚杆宜采用双股形式的不小于ϕ16mm钢丝绳锚杆，其长度应不小于2m；

3） 钢筋锚杆和钢丝绳锚杆钻孔直径均不宜小于42mm，也不宜大于110mm；

4） 钢筋锚杆杆体钢筋保护层厚度，采用水泥砂浆时不应小于8mm，采用树脂时不应小于4mm；

5） 长度大于4m或杆体直径大于32mm的钢筋锚杆，应采取杆体居中的构造措施。

8 质量检验

8.1 一般要求

8.1.1 质量检测包括核查厂家提供的质量证明文件，进行材料性能检验、部件性能检验和整体性能检验。

8.1.2 部件性能检验和材料性能检验应覆盖防护网所有部件和材料。抽查数量应按工程设计要求，工程设计无具体要求时可按《计数抽样检验程序》(GB/T 2828)的要求进行抽样。

8.2 质量证明

8.2.1 厂家提供的质量证明文件应包括部件生产加工合格证明、出厂检验证明、原材料材质证明、盐雾试验报告、被动柔性防护网产品定型报告。

8.2.2 被动柔性防护网产品定型报告应包括产品体系配置、结构计算结果、产品定型落石冲击试验报告、网片抗顶破力试验报告、耗能装置启动力和耗能值试验报告等。

8.3 材料、部件及整体性能检验

被动柔性防护网应按附录A进行材料性能检验、按附录B进行部件性能检验；防护等级为一级时应按附录C进行整体性能检验，防护等级为二级时宜按附录C进行整体性能检验。

9 包装、运输、储存和安装

9.1 包装、运输、储存

9.1.1 每件包装上应带有一个标签,其内容包括:

a) 制造单位名称或代号;

b) 产品自检合格证号;

c) 生产日期(年、月);

d) 产品型号、规格;

e) 检验员工号;

f) 出厂检验结果。

9.1.2 包装形式应采取单张网成卷捆扎裸装,每卷至少应用铁丝扎紧3处;其余构件根据其形状、尺寸和重量可单件裸装或多件捆扎裸装。如用户需要其他包装方式,经双方协商,也可按其要求包装交货。

9.1.3 运输时应整齐堆码,捆绑牢固,搬运时应避免拖挂,不应抛卸。另外须满足钢结构运输要求,避免立柱等钢构件发生塑性弯曲。

9.1.4 应储存在整洁、干燥通风和无腐蚀物侵蚀的地方,宜与地面隔离堆放,堆码高度不宜超过3m。

9.2 安装

9.2.1 被动柔性防护网的安装应符合设计文件和生产厂家安装指导手册的相关规定。

9.2.2 被动柔性防护网工程施工应充分考虑与其他工序的合理规划,精细组织,编制合理可行的施工组织设计,并符合如下规定:

a) 应先实施被动防护网工程布置高程以上的坡面清理、截排水及防护工程,再实施被动网。

b) 被动柔性防护网工程施工前,应检查进场原材料、构件及施工设备的技术性能是否符合设计要求。

c) 被动柔性防护网工程安装时,不得改变设计规定的各类构件的安装位置及其连接关系、连接程度。

d) 被动柔性防护网工程应按坡面准备与施工放线、锚杆与基础施工、柔性防护网上部结构安装的顺序组织施工。一个连续布置的独立防护网或一组相互关联的防护网,宜在完成全部锚杆或基础放线定位后,再开始锚杆与基础的施工作业。

e) 应合理规划和修建便于施工人员行走、材料搬运的坡面施工通道,并尽量结合后期检查维护通道。

9.2.3 被动柔性防护网坡面布置应符合设计要求,当需适应坡面条件对被动柔性防护网的布置进行适当调整时,除满足设计文件中相关规定外,尚应符合如下要求:

a) 局部调整锚杆或混凝土基础位置时,不应减少设计要求的锚杆或混凝土基础数量。

b) 柔性锚杆与相邻钢柱基座间的顺坡间距调整量,不应超过设计标准值的10%,连线方位误差不应超过5°,且设计标准位置位于与其相邻的两个钢柱基座间连线上或下坡侧的锚杆均不得设置在上坡侧。

c) 两相邻钢柱基座间距离调整量不应大于设计值的20%,且一道防护网的总长度负误差不应超过0.2m,且这种调整不应导致钢柱基座间连线走向的变化。

d) 同一钢柱基座的锚杆间距和相对方位误差,应严格控制在能顺利安装基座的范围内。

9.2.4 锚杆施工应符合《岩土锚杆与喷射混凝土支护工程技术规范》(GB 50086)及设计文件的规定。

9.2.5 柔性防护网的安装,除满足设计文件的规定外,尚应满足如下要求:

a） 柔性防护网包含格栅网或高强度钢丝网时，应将格栅网或钢丝网安装在直接面向危岩落石荷载作用一侧。

b） 支撑绳、拉锚绳等钢丝绳类构件带有消能装置时，应与钢丝绳构件同时安装。

c） 采用地层钻孔锚杆固定的基座，宜用砂浆找平安装处地面。

d） 钢柱与拉锚绳安装，带有防止钢柱朝上坡侧反向倾倒的防倾倒构件时，应同时安装。

e） 顺端部钢柱设置，用以连接端部柔性网外侧边缘的边垂绳安装，如其他位置的钢柱也带有这类构件，应同时安装。

f） 上、下支撑绳安装，柔性网与上、下支撑绳采用穿挂方式连接时，应在安装上支撑绳的同时悬挂柔性网片，然后再安装下支撑绳。

g） 柔性网安装，包括柔性网片间及与边垂绳和上、下支撑绳间的连接，包含中部横向约束绳时，可与柔性网同时或之后安装。

h） 包含格栅网时，在承载网的上坡侧铺挂格栅网片，并进行各网片边缘间以格栅网与承载网间的扎结。

i） 各柔性网片间及其与支撑绳间的缝合连接，应确保每一个边缘网孔都被连接。

j） 各类支撑绳均应采用张拉设备张紧，被动网上支撑绳的下垂度不应大于柱间距的3%。

k） 被动防护网的格栅网上边缘应翻卷到下坡侧至少10cm并与承载柔性网扎结，底部宜顺坡向上延伸铺挂至少30cm。

10 工程验收

10.1 质量检验评定

10.1.1 公路被动柔性防护网工程应按照现行《公路工程质量检验评定标准》（JTG F80/1）规定方法进行质量检验评定。

10.1.2 质量检验评定的基本要求如下：

a） 被动柔性网防护工程应满足设计文件的要求。

b） 被动柔性网防护工程各部件规格、数量以及各部件之间的连接方式，应与整体性能检验报告或整体性能证明报告中的规定一致。

c） 被动柔性网防护工程材料以及构件的物理、化学性能检验，减压环力学性能，锁紧扣件力学性能、环链破断拉力等，应符合本规程第8章质量检验要求并经抽检，合格后方可使用。

d） 被动防护网结构基础混凝土所用的水泥、砂、石、水和外掺剂的规格和质量，必须符合有关规范的要求，按规定的配合比施工；基础结构几何尺寸、埋置深度、强度、预埋件位置深度等，应符合设计和规范要求；地基强度应符合设计要求。

e） 钢筋锚杆与钢丝绳锚杆插入孔内的长度不得短于设计长度的95%，根数不得少于设计数量。

f） 现场锚杆试验结果应满足钢筋锚杆与钢丝绳锚杆设计拉应力要求。

10.1.3 构件及基础的实测项目见表11。

表11 构件及基础实测项目

项次	检 查 项 目	规定值或允许偏差	检查方法和频率	权值
1	减压环张力（kN）	±10%设计工作拉力	过程检查，室内：抽检10%	2
2	防护网孔间距（mm）	±30	直尺、塞尺：抽检1%	2
3	紧固件连接点	符合设计要求	过程检查，抽检10%	2

表 11 构件及基础实测项目(续)

<table>
<tr><th>项次</th><th colspan="2">检 查 项 目</th><th>规定值或允许偏差</th><th>检查方法和频率</th><th>权值</th></tr>
<tr><td>4</td><td colspan="2">环网钢丝股数</td><td>0</td><td>抽检 10%</td><td>2</td></tr>
<tr><td>5</td><td colspan="2">被动网设置高度(mm)</td><td>±500</td><td>尺量:抽检 10%</td><td>1</td></tr>
<tr><td>6</td><td colspan="2">立柱脚中距(mm)</td><td>±200</td><td>尺量:抽检 10%</td><td>1</td></tr>
<tr><td rowspan="3">7</td><td rowspan="3">镀锌层厚度
(μm)</td><td>立柱</td><td>≥85</td><td rowspan="2">测厚仪:抽检 5%</td><td rowspan="3">2</td></tr>
<tr><td>紧固件</td><td>≥50</td></tr>
<tr><td>镀锌钢丝</td><td>≥33</td><td>试验室:抽检 1%</td></tr>
<tr><td>8</td><td colspan="2">系统安装角度(°)</td><td>±10</td><td>全部检查,直接测量</td><td>3</td></tr>
<tr><td>9</td><td colspan="2">柱脚侧向转动能力(°)</td><td>≥15</td><td>抽检 10%,直接测量</td><td>2</td></tr>
<tr><td>10</td><td colspan="2">支撑绳外延段及拉锚绳
与柱头夹角(°)</td><td>±10</td><td>全部检查,直接测量</td><td>2</td></tr>
<tr><td>11</td><td colspan="2">钢丝绳与立柱支撑点接触处
转弯半径</td><td>≥5d(d 为钢丝绳直径)</td><td>抽检 10%,直接测量</td><td>1</td></tr>
</table>

10.1.4 外观鉴定应符合下列规定:

a) 基础混凝土应密实平整,无裂缝、翘曲、蜂窝、麻面等缺陷。不符合要求时每处减 1 分。

b) 金属构件表面不得有锈蚀、漏镀等缺陷。不符合要求时,每处减 1 分。

c) 防护网片应与缝合绳连接牢靠,不得漏缝空格,立柱与基础连接正确。不符合要求时每处减 2 分。

d) 被动防护直线段整体上没有明显的个别凹凸现象,曲线段圆滑顺畅。不符合要求时每处减 2 分。

e) 紧固件固定牢固,减压环、上下支撑绳、系统锚绳,数量、位置正确。不符合要求时每处减 2 分。

10.2 交工验收

公路被动柔性防护网工程项目应按《公路工程竣(交)工验收办法》(交通部 2004 年第 3 号令)的规定进行竣(交)工验收。

11 保养和维修

11.1 被动柔性防护网保养和维修应根据保养维修手册进行。

11.2 维修管理责任方必须对维修保养计划书、检修记录、检修报告书、修改记录的文档进行保管。

11.3 专业管理人员应在每年雨季前进行结构检查、清理,并在暴雨和发生地质灾害等恶劣气候条件后检查柔性防护网。当被动网拦截落石,或在网后有落石及其他堆积物时,应及时进行清理。

11.4 被动网拦截落石,部件受损无法继续正常工作时,应更换受损部件。

11.5 根据设计使用年限和材料的有效使用年限,及时进行部件替换或全部替换。

附 录 A
(规范性附录)
材料性能检验

A.1 检验内容与方法

A.1.1 外观检查及尺寸测量

a) 外观质量用手感和目测检查。

b) 钢丝绳、钢丝的直径测量应按《一般用途钢丝绳》(GB/T 20118)、《制绳用圆钢丝》(YB/T 5343)规定的方法进行。

c) 除钢丝绳、钢丝直径应采用满足精度要求且检定合格的千分尺、游标卡尺等进行测量之外,其余材料及构件外形尺寸(长、宽、高、厚、直径)可采用普通量尺测量。

A.1.2 材料力学性能

a) 钢丝、钢丝绳、立柱、钢筋锚杆等构件材质应通过检查原材料合格证及检验报告来验证,有疑问时应按相应原材料采用标准规定的方法检验。

b) 钢丝绳破断拉力测定应按《一般用途钢丝绳》(GB/T 20118)规定的整绳破断拉力测定方法进行。

c) 钢丝抗拉强度试验应按《制绳用圆钢丝》(YB/T 5343)的规定进行。

d) 钢柱构件钢材的性能检验应按《碳素结构钢》(GB/T 700)的规定进行。

A.1.3 防腐检验

a) 镀层厚度均应按《金属覆盖层、钢铁制件热浸镀锌层技术要求及试验方法》(GB/T 13912)规定的磁性法进行测量。

b) 钢丝绳、钢丝的锌层重量测定应按《一般用途钢丝绳》(GB/T 20118)、《制绳用圆钢丝》(YB/T 5343)规定的方法进行。

c) 钢丝的锌铝合金镀层重量测定应按《锌-5% 铝-混合稀土合金镀层钢丝、钢绞线》(GB/T 20492)规定的方法进行。

d) 裹塑层厚度按含裹塑层的钢丝绳直径与金属绳体直径之差的 50% 确定。

e) 应采用中性盐雾试验验证防护网中构件和材料预期使用寿命,试验方法按照《人造气氛腐蚀试验 盐雾试验》(GB/T 10125)进行。

A.2 批次与抽样

A.2.1 外观检查和尺寸测量

以一个供货合同中同一型号的柔性防护系统为一批。外观质量应逐个进行检验,几何尺寸按同批产品中取 3 件进行随机抽样检验(每批网片数量不应超过 1000 张),网孔尺寸检验应对每个检样进行不少于 5 个网孔的随机检验。

A.2.2 材料力学性能和防腐检验

以同一规格的同类原材料或构件的一次采购量或上道工序生产量为一批,在每批中随机抽取试样各一组 3 个试件。

A.3 结果评判

A.3.1 外观检查及尺寸测量

如果所有检验结果均符合本规程规定,则判定该批产品合格。

若有不合格项,则加倍抽样对不合格项进行复验。若复验合格则判定为合格;若复验仍不合格,则判定为不合格。

A.3.2 材料力学性能和防腐检验

如果所有检验结果均符合本规程规定,则判定该批产品合格。

若有不合格项,则加倍抽样对不合格项进行复验。若复验合格则判定为合格;若复验仍不合格,则判定为不合格。

附　录　B
(规范性附录)
部件性能检验

B.1　检验内容与方法

B.1.1　节点卡扣力学性能及其压接工艺

a) 本规程采用抗错动拉力、抗脱落拉力、残余破断拉力 3 个指标来检验节点卡扣的力学性能及其在钢丝绳网编制过程中的压接工艺质量,以保证钢丝绳网具有足够的承载能力。
b) 每种试验的试样数量均为 3 件,试样由与编制钢丝绳网相同的钢丝绳段和节点卡扣在正常生产的设备上制作,试样规格如图 B.1 所示。
c) 试验结果取为 3 件试样测定结果的算术平均值。
d) 试验在材料试验机上进行,3 种试验的试样在试验机上的夹持方式和固定方式分别如图 B.2 ~ 图 B.4 所示(图中 A、B 为无主动加载的固定端)。试验时,沿图中箭头所示方向施加拉力,测定直至试样发生破坏时的最大拉力,该测定值即为该试样与夹持方式相对应的力学性能指标。

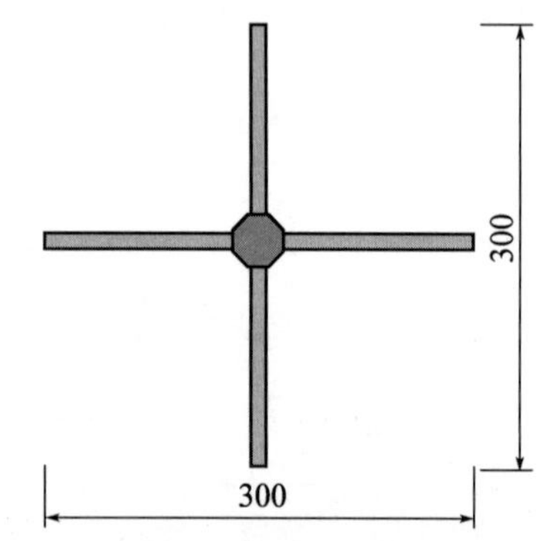

图 B.1　节点卡扣力学性能及其工艺检验试样(尺寸单位:mm)

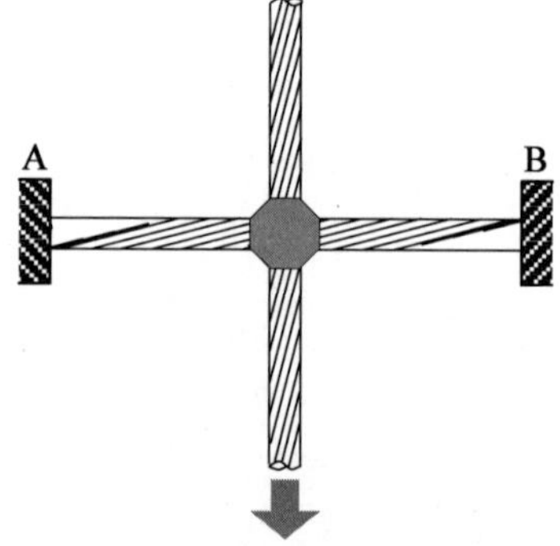

图 B.2　抗错动拉力试验方法

图 B.3　抗脱落拉力试验方法

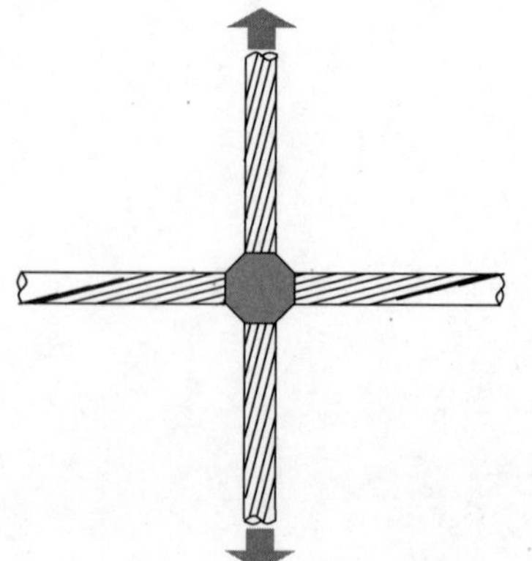
图 B.4　残余破断拉力试验方法

B.1.2　环链破断拉力

a) 试样数量为 3 件,每件试样包含两个相互套接的网孔单元(当试验机拉伸空间有限时,试样网孔尺寸可以缩小,但最小应为实际网孔尺寸的 50%),如图 B.5 所示(图示左图为高强度钢丝格栅或绞索网环链试样,右图为环形网环链试样)。

b) 试验在拉力试验机上进行。试验时,沿图 B.5 箭头所示方向通过两根直径不小于试样钢丝、绞索或钢丝束直径的加载圆杆施加拉力(对于高强度钢丝格栅和绞索网的菱形网孔单元试样,加载方向为长轴向,并在短轴处采用长度与短轴相同的横杆支撑,支撑点处应无尖角,如图中虚线所示),测定试样破坏时的最大拉力,该测定值即为该环链试样的破断拉力(单位:kN)。

c) 试验结果应取为 3 件试样测定结果的算术平均值。

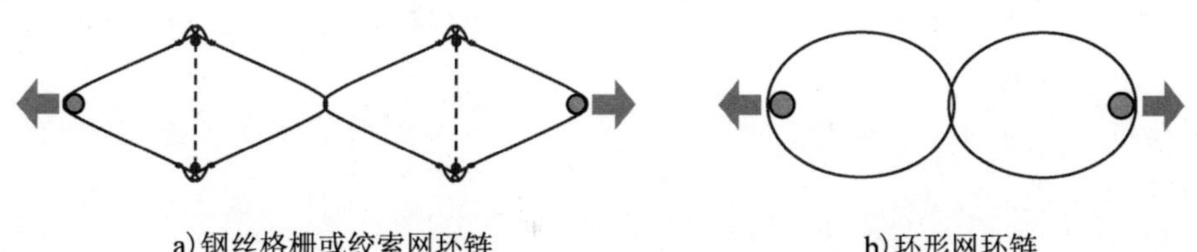

a) 钢丝格栅或绞索网环链　　b) 环形网环链

图 B.5　环链破断拉力试验试样及试验方法示意图

B.1.3　减压环静力力学性能

a) 每组试验的试样数量为 3 件,由减压环和穿过其环管内孔的一段钢丝绳制成,规格如图 B.6 所示。

b) 试验在拉力试验机上进行。试验时,沿图 B.6 箭头所示方向施加拉力,加载速度不应大于 2kN/s,测定试验全过程的荷载—位移(P-S)曲线,如图 B.7 所示,直到试样不能再伸长或者拉力突然明显增大或减压环破裂失效。对于拉伸空间有限的试验机,允许分段拉伸完成,即减压环伸长到一定长度后锯掉一段再次拉伸。

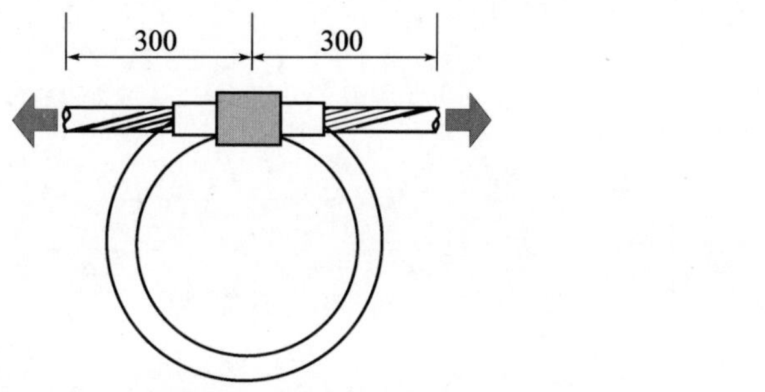

图 B.6　减压力学性能试验试样
(尺寸单位:mm)

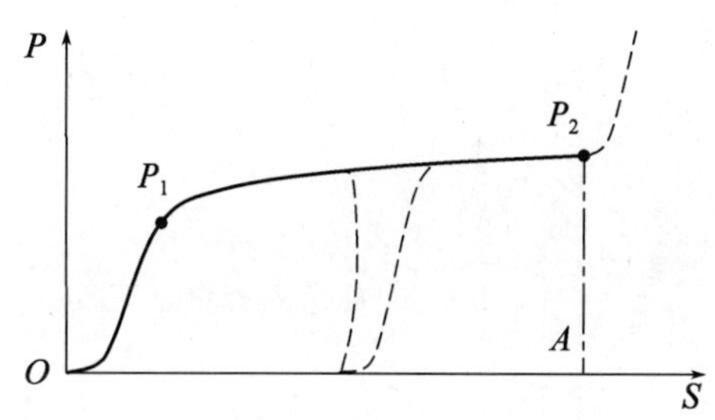

图 B.7　减压环荷载—变形位移
(P-S)关系

c) 减压环的能量吸收能力用试验过程中它所吸收的最大变形能来表示,其大小等于试验机对减压环所做的功,即图 B.7 中荷载(P,单位:kN)与位移(S,单位:m)增量的乘积累计值(单位:kJ)或 P-S 曲线与 S 轴所形成的包络区域 OP_1P_2A 的面积(分段拉伸时为各包络面积之和)。

d) 启动荷载为减压环在经过初始非弹性变形、弹性变形(P-S 曲线近似为直线)阶段后开始以塑性变形方式大量吸收变形能时的拉力,对应于图 B.7 中 P_1;最大工作荷载为减压环的能量吸收能力计算用 P-S 曲线段内的最大拉力,对应于图 B.7 中 P_2。

e) 减压环的能量吸收能力、启动荷载、最大工作荷载等力学性能指标均取 3 件试样测定结果的算术平均。当一组试样中最大启动荷载或最小启动荷载与中间值之差超过中间值的 10% 时,取中间值作为该组试件的启动荷载代表值。当一组试样中最大启动荷载或最小启动荷载与中间值之差均超过中间值的 15% 时,则该组试件的启动荷载不作为评定依据。

f) 其他类型的耗能装置可参考减压环试验方法进行力学性能检验。

B.1.4 耗能装置动力力学性能

a) 减压环等耗能装置除进行静力力学性能检验外，还宜进行动力力学性能检验。试样数量至少为3件，每个试样两端伸出的连接钢丝绳长度应保持一致，每次试验前后应测量试样及连接钢丝绳的总长度（精确至1cm）。
b) 试验时，试样应悬挂于某高处，试样与悬挂固定端之间应布设拉力传感器（采样频率应不低于1000Hz），试样另一端则与冲击试块相连。选取合适的冲击试块并提升至一定高度，释放冲击试块使其自由下落，从而启动与之相连的耗能装置试样，并记录试验过程中试样内的拉力值。利用反力墙进行试验示意如图B.8所示。
c) 耗能构件启动时的加载速度不应低于25m/s，并应根据加载速度和连接绳的长度计算提升高度。
d) 试验时，能直接得到耗能构件的拉力时程曲线（F-t 曲线），如图B.9a）所示；再通过耗能构件在试验前后的最大变形量 Δ_d 和拉力传感器测得的作用时间，得到近似的变形时程曲线（Δ-t 曲线），如图B.9b）所示。从而得到耗能构件在动力冲击作用下力—变形曲线（F-Δ 曲线），通过计算曲线的包络面积 A_E 求得耗能构件的能量吸收值。此外，F-Δ 曲线中的第一个峰值即为耗能构件的动态启动荷载 F_{dt}，F-Δ 曲线中最大拉力即为耗能构件的动态峰值荷载 F_{max}，F-Δ 曲线的包络面积 A_E 与最大变形量 Δ_d 的比值即为耗能构件的动态工作荷载 F_0。
e) 以3个试样的平均值作为试验结果。当某个指标的最大值或最小值中如有一个与中间值的差值超过中间值的20%时，则把最大值及最小值一并舍除，取中间值作为该指标试验结果。如有两个测值与中间值的差值均超过中间值的20%时，则该组试样的试验结果无效。

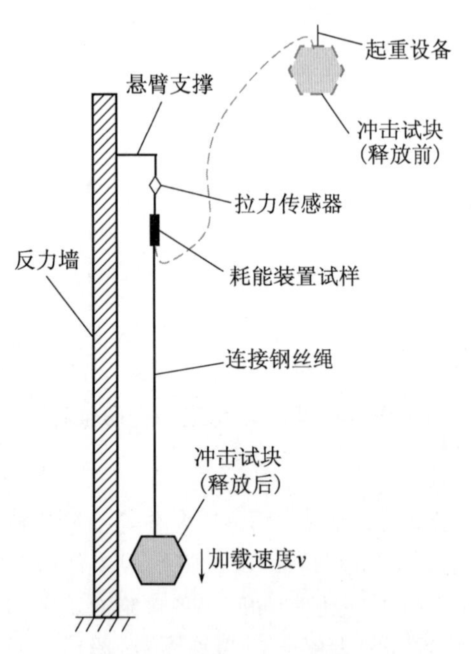

图B.8 冲击试验过程示意

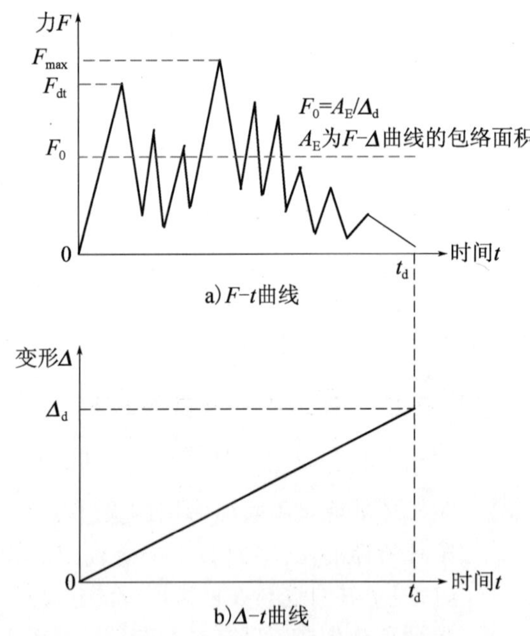

图B.9 耗能构件的试验数据

B.2 批次与抽样

以同一规格的同类原材料或构件为一批次，每批次部件的数量不应超过1000个，随机抽取3个部件作为一组试样进行部件性能试验。

B.3 结果评判

B.3.1 判定规则与复验

a) 如果所有检验结果均符合本规程规定,则判定该批次部件力学性能合格。

b) 如发现一个或一个以上的检验不合格,则应在该批次中重新随机双倍抽样对不合格项目进行复验,复验结果合格时,则判定该批次部件力学性能合格;若复验结果仍有不合格项,则判定该批次部件力学性能为不合格。

B.3.2 节点卡扣力学性能及其压接工艺

a) 钢丝绳交叉结点处的抗错动拉力不应小于 5kN,错动后钢丝绳残余抗破断拉力不应小于原始最小抗破断拉力的 90%。

b) 钢丝绳交叉结点处的抗脱落拉力不应小于 10kN。

B.3.3 环链破断拉力

不同盘绕圈数的环链破断拉力不应小于表 B.1 的规定,且破断前紧固件不应有滑脱和破坏现象。

表 B.1 环形网环链破断拉力最小值

网 片 规 格	R5/3	R7/3	R9/3	R12/3	R16/3	R19/3
环链破断拉力最小值(kN)	40	60	75	105	135	160

B.3.4 耗能装置力学性能

a) 分别通过静力试验和动力试验所得到的能量吸收值,应取其中的较小值作为检验该耗能装置的评判参数。

b) 分别通过静力试验和动力试验所得到的启动荷载,应取其中的较大值作为检验该耗能装置的评判参数。

c) 常用减压环的力学性能指标应符合表 B.2 的规定。

表 B.2 减压环力学性能指标

减压环型号	GS-8000	GS-8001	GS-8002
能量吸收能力(kJ)	≥30	≥50	≥90
启动及最大工作荷载(kN)	17 ~ 80	30 ~ 120	47 ~ 150
最大变形量(mm)	850	1000	1100
同一批减压环启动荷载差(kN)	≤7	≤10	≤10
配套钢丝绳直径(mm)	12 ~ 14	16 ~ 18	20 ~ 22

附 录 C
(规范性附录)
整体性能检验

C.1 检测内容与方法

C.1.1 被动防护网极限防护能量、剩余防护高度、最大变形等整体性能检验，应采用冲击试块自由下落或从边坡滚落的方式对被动防护网进行直接冲击作用。

C.1.2 应采用3跨被动防护网用于试验。

C.1.3 试验时，冲击试块在接触到防护网前1m距离范围的平均速度应不小于25m/s。

C.1.4 冲击试块可由普通钢筋混凝土制作而成，其形状宜为多面体或球体，如图C.1所示，且最大尺寸d应小于试验所用防护网有效防护高度的三分之一。

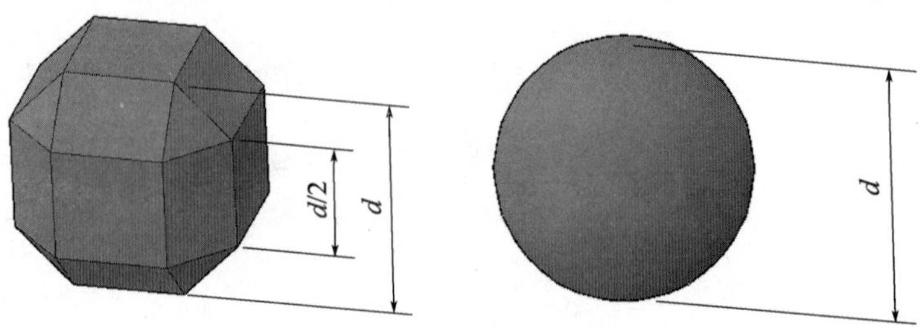

图C.1 冲击试块形状

C.1.5 冲击试块的密度应在2500～3000kg/m³之间。如增加钢含量，则钢材应均匀地分布在冲击试块之内，这样可以使得冲击试块的质心和形心保持一致。

C.1.6 采用自由下落冲击方式时，最大变形量是在冲击位置沿竖直方向测得。采用边坡滚落冲击方式时，最大变形量是在冲击位置沿冲击方向测得。测量时需考虑到防护网的最大初始挠度，使用摄像机记录。测量的结果应四舍五入，单位精确到厘米。

C.1.7 根据测量到的冲击试块的速度，确定冲击试块的冲击动能E：

a) 对于自由下落冲击，冲击动能E可按式(C.1)计算。

$$E = mgh \tag{C.1}$$

b) 对于边坡滚落冲击，冲击动能E可按式(C.2)计算。

$$E = \frac{1}{2}mv^2 + \frac{4}{5}m\omega^2 r^2 \tag{C.2}$$

式中：m——冲击试块的质量；

g——重力加速度；

h——试块的下落高度；

v——在冲击前测量到的冲击试块的速度；

ω——冲击前测量到的冲击试块的滚动角速度；

r——冲击试块的等效半径。

C.1.8 被动防护网的冲击试验按两个不同工况——三分之一极限防护能量(以下简称SEL)冲击工况和极限防护能量(以下简称MEL)冲击工况依次进行。

C.1.9 SEL冲击工况中包含如下两次连续冲击，冲击试块分别以相同的动能落入被动防护网。

a) 第一次冲击的位置为中间跨防护网片的中心，如图C.2所示。

b) 第一次冲击后，仅从被动防护网中移走冲击试块，在不更换任何构件和不进任何维护的情况下进行第二次冲击。冲击的位置位于被动防护网剩余防护高度 h_r 内中间跨防护网片的中心，该位置在第一次冲击后可以获得，如图 C.3 所示。

c）第二次冲击的动能参数（冲击试块速度和质量）与第一次冲击相同，误差位于第一次冲击后被动防护网因变形而产生的公差范围之内。

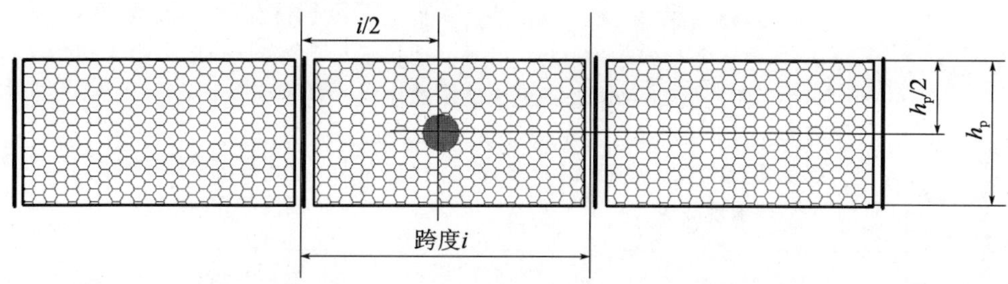

图 C.2　SEL 冲击工况中第一次冲击位置

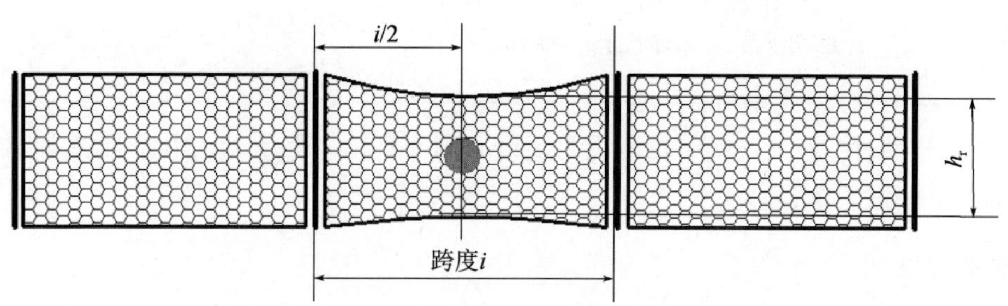

图 C.3　SEL 冲击工况中第二次冲击位置

C.1.10　MEL 冲击工况的试验模型与 SEL 冲击工况所使用的试验模型相同。可以对 SEL 冲击工况中的试验模型进行修理或者更换受损构件后，进行 MEL 冲击工况试验；也可使用新的被动防护网模型进行 MEL 冲击工况试验。

C.1.11　MEL 冲击工况的冲击位置为中间跨防护网片的中心，如图 C.2 所示。

C.2　批次与抽样

以同一型号被动防护网为一个批次，每批次制作一个试验模型进行整体性能检验。

C.3　结果评判

C.3.1　应根据不同的防护等级对整体冲击性能检验的结果进行判定，明确给出成功或失败的结论，判定标准按表 C.1 的规定采用。

表 C.1　试验结果判定标准

防护等级	冲击工况	试验成功	
一级	SEL	各工况冲击加载完成后，落石被成功拦截并静止于拦截结构中，任意构件不得出现破坏，包括网片中钢丝绳或环网被拉断、立柱屈曲和基座拉脱、变形等，仅需更换耗能装置后，便可继续工作	第一次冲击后，剩余防护高度不小于初始有效防护高度的 70%；第二次冲击后，剩余防护高度不小于初始有效防护高度的 60%
	MEL		冲击后剩余防护高度不小于初始有效防护高度的 50%

表 C.1　试验结果判定标准(续)

<table>
<tr><th>防护等级</th><th>冲击工况</th><th colspan="2">试 验 成 功</th></tr>
<tr><td rowspan="2">二级</td><td>SEL</td><td rowspan="2">SEL 工况加载完成后,落石被成功拦截并静止于拦截结构中,各部件间未出现明显分离,连接结构未发生拉断破坏,立柱两端距离不小于原始距离的 90%,经更换破坏网片和耗能装置后可继续进行 MEL 工况冲击加载。MEL 工况加载完成后,落石被成功拦截,允许结构出现破坏</td><td>第一次冲击后,剩余防护高度不小于初始有效防护高度的 70%;第二次冲击后,剩余防护高度不小于初始有效防护高度的 60%</td></tr>
<tr><td>MEL</td><td>冲击后剩余防护高度不小于初始有效防护高度的 30%</td></tr>
<tr><td rowspan="2">三级</td><td>SEL</td><td rowspan="2">各工况冲击加载完成后,未出现由于构件破坏(网片被击穿、钢丝绳被拉断等情况)、网片回弹、立柱下摆过大等因素造成的落石继续下落,落石静止于拦截结构中</td><td>第一次冲击后,剩余防护高度不小于初始有效防护高度的 70%;第二次冲击后,剩余防护高度不小于初始有效防护高度的 60%</td></tr>
<tr><td>MEL</td><td>对冲击后剩余防护高度不作要求</td></tr>
</table>

C.3.2　整体冲击性能检验中,被动防护网的最大变形量不应大于最大缓冲位移标准值 d_B,d_B 可通过有限元计算或冲击试验得到。

C.4　试验数据记录

C.4.1　对 SEL 冲击工况和 MEL 冲击工况的每次冲击试验,应记录冲击前、冲击中和冲击后的数据。

C.4.2　冲击前的数据包括:

a)　冲击试块的质量;

b)　有效防护高度;

c)　被动防护网模型的位置和安装后的照片;

d)　被动防护网模型几何特性;

e)　被动防护网构件的规格和数量;

f)　被动防护网构件的力学和物理学特性。

C.4.3　冲击中的数据包括:

a)　试块的冲击下落高度;

b)　在冲击试块接触防护网时刻的冲击试块速度;

c)　冲击试块的冲击轨迹;

d)　被动防护网的最大变形;

e)　用于完整记录被动防护网行为的照片,包括变形、挠度、冲击停止时间等;

f)　对基础施加的作用力。

C.4.4　冲击后的数据包括:

a)　剩余防护高度;

b)　被动防护网静止后的最大变形及几何形状;

c)　各主要构件的变形及破坏情况的描述和照片。

C.4.5　剩余防护高度应按照有效防护高度的确定方法,在冲击后不移走冲击试块的情况下测得。测量的结果应四舍五入,单位精确到厘米。

C.4.6　冲击试块速度的测量应通过高速摄像测量设备,以每秒不小于 100 帧的拍摄速度进行,或采用其他具有相同精度的设备,而且应具有充足的参照长度。

C.4.7 应设置足够数量的摄像或摄影机,以便清楚地在测试前和测试中描述被动防护网的行为和冲击试块运动。至少应使用一台高速摄影机用于测量速度。

C.4.8 应考虑到需要将额外的摄像机布置在现场,以便能够涵盖每一个需要关注的区域。

C.4.9 应在试验过程中测量关键构件的受力大小,至少应在与中间跨防护网片相连的主钢丝绳上进行测量。应提供峰值内力和时间—受力时程曲线图,记录受力应至少每秒测量1000次。

C.4.10 高度测量应采用地形测量系统(非接触光学测量)或测量带。对于冲击中的最大变形,可采用影像测量的方式。

C.4.11 冲击试块的质量和尺寸应在每次试验之前测量,并应对冲击试块拍摄照片资料。

C.5 精度和公差

C.5.1 冲击试块的冲击作用点以其质心位置为参考点,冲击作用点的精度不宜超过以中跨防护网片中心点周围直径1m的圆周误差范围。

C.5.2 质量测量的最小精度应为±3%。

C.5.3 速度测量的总体精度应为±5%。

C.5.4 测试步骤应允许给出精度在±7%的测量值。

C.5.5 受力测量的仪器应每年校准一次。

C.5.6 所有距离测量的精度应为:静态测量±1%,动态测量±5%。

C.6 检验试验报告

C.6.1 冲击检验试验报告应包含封面、试验报告总表、试验模型说明表、检测设备说明表、试验记录表。

C.6.2 试验报告封面应包含试验名称(实际工程或专项设计)、送检单位名称、检测机构名称、试验日期等内容。

C.6.3 试验报告总表应包含以下内容:

a) 基本信息:主要包括项目名称(实际工程或专项设计)、产品名称(规格型号)、产品极限防护能量、产品防护等级、送检单位名称、生产厂家名称、检测机构名称、试验日期、试验地点、备注等。

b) 试验评价:主要包括送检产品与设计图纸的一致性评价、安装质量合格性评价、SEL冲击工况试验结果评价、MEL冲击工况试验结果评价、试验结论。

c) 人员信息:主要包括试验负责人、报告撰写人、报告审核人。

C.6.4 试验模型说明表应包含以下内容:

a) 系统构件配置单:主要包括构件名称、材料、规格型号、实测尺寸、数量等。

b) 系统安装说明:主要包括有效防护高度、跨度、安装倾角、主要构件间的连接方式等。

c) 系统布置图:主要包括系统平面布置设计图、系统立面布置设计图、试验模型正视图、试验模型侧视图。

C.6.5 检测设备说明表应包含以下内容:

a) 冲击试块:主要包括实际重量、试块形状、尺寸、照片。

b) 起重设备:主要包括起吊高度、照片。

c) 影像采集设备:主要包括型号、主要性能参数。

d) 力测量设备:主要包括型号、主要性能参数。

C.6.6 试验记录表应根据各冲击工况中的每一次冲击试验单独记录(SEL冲击工况记录两次,MEL冲击工况记录一次),每次记录应包含以下内容:

a) 测试方法:主要包括冲击试块的运动轨迹、冲击位置、冲击动能。
b) 检验结果(文字描述及照片说明):主要包括冲击试块拦截结果、冲击后的各跨防护网结果、立柱冲击前后对比、各个耗能元件启动情况、构件、网片破损情况。
c) 测得的检验结果:主要包括冲击试块的速度、钢丝绳受力、最大变形、最终变形、剩余高度。

附 录 D
(资料性附录)
条 文 说 明

5 基本规定

5.3 被动柔性防护网结构属复杂的结构体系,其结构体系设计需要在大量分析计算基础上,通过试验检验后定型,产品的定型一般由生产厂家完成。设计部门在勘察评估基础上,进行总体设计、基础设计,其中被动防护网结构的有效防护高度、极限防护能量等,参照市场常用规格选用。

5.5 作为长期暴露于山区自然环境中的工程结构,设计时应合理选用材料。防护要求包含防护等级、极限防护能量和有效防护高度、防护范围等,根据防护要求应充分考虑材料的力学性能。而根据自然条件,应充分考虑材料的化学性能,如防腐蚀、防火等。

5.6 作为一种特殊的工程结构,在设计被动柔性防护网时,除了要考虑其使用阶段可能遭受的设计荷载外,还应充分考虑结构构件在制作、运输、安装和使用过程中的不利因素,尤其是山区地形对运输和安装施工的影响。宜优先采用通用的和标准化的结构和构件,减少制作、安装工作量。

5.7 被动柔性防护网的可维护性包括对整体结构及部件的保养和检查、清理被拦截的落石、维修或更换关键构件等,忽视维护工作将严重影响被动柔性防护网的使用周期和工作性能。因此,必须设置相应的作业通道以保证上述工作的可实施性。

6 勘察及评估

6.2 评估

6.2.4 实际崩塌落石灾害中,单个块体失稳的情况是比较少的,往往是多个块体滚落冲击被动网,甚至大规模岩体失稳。冲击动能设计值计算中,应对潜在失稳岩体规模进行判定,预估单次崩塌灾害可能冲击被动网块体的数量、方量等,合理确定冲击动能设计值。当预估可能产生大规模岩体失稳灾害时,宜将被动防护网与其他结构综合使用,或采取其他防治结构。

落石的冲击动能宜采用试验、计算分析或经验公式等方法确定。

7 工程设计

7.2 总体设计

7.2.2 被动柔性防护网的布置方案应由对防护区域的勘察评估报告确定,坡面冲沟及有明显潜在落石危害区域的正下方不宜布置支撑结构,以尽量避免立柱被落石直接冲击而导致的系统失效。

被动柔性防护网系统依靠大变形消耗落石冲击动能,但在成功拦截落石情况下,若系统变形过大仍有可能对被防护物构成威胁。因此,在设计时应首先考虑防护系统与被防护物之间的安全距离,同时控制防护系统最大变形量。防护网在遭受动能等于其极限设计能量的落石冲击时所发生的最大缓冲位移标准值,可通过有限元计算或冲击定型试验得到。

考虑到被动网冲击变形受布置地形、落石运动轨迹、防护结构安装等离散性因素影响,依据试验统计结果,设置1.3倍安全系数。

7.2.5 落石的弹跳高度可采用运动学方法、现场试验方法、经验方法确定。由于落石坡面运动轨迹极为复杂,弹跳高度受坡面形态、坡面岩土性质、植被等多种因素影响,其分析预测较为困难。

一般来讲,边坡高度越大,弹跳高度越大;坡面平顺的边坡,弹跳高度较小;而坡面起伏越大、尤其是坡面上突起越多,弹跳高度越大。根据日本《坠石便览》大量试验成果的统计,落下高度为60m以下的普通斜坡形状,落石弹跳高度几乎都是2m以下;而斜坡上局部有凸起的情况或凹凸多的斜坡,落石弹跳量也有达4~5m的(试验边坡最大高度35m)。

常用的被动防护网高度一般有3m、4m、5m、6m、7m。

7.4 结构体系设计

7.4.1 被动柔性防护网结构的设计应基于能量匹配原则,通过整体结构分析明确各部件的耗能、内力和变形,其基本设计工况为对3跨结构的中跨施加冲击荷载作用;在此基础上,根据不同防护等级,再分别进行承载力校核、变形验算、不同冲击工况及不同冲击位置条件下的设计计算。

7.4.2 在实际工程中,被动柔性防护网的防护范围往往长达几十米甚至数百米长。在对其进行计算、分析和冲击试验时,应根据实际需求和试验条件等情况减少跨数。经研究表明,当跨数由实际跨数减至5跨时,冲击跨及边跨中各构件的内力、变形等关键特征参数基本保持一致。而当跨数减至3跨时,上述关键特征参数将发生变化。边跨立柱内力和变形、边跨拉锚绳内力及支撑绳内力将增大,使设计偏于安全。而受冲击跨的拉锚绳内力及变形将有所减小,但变化范围不超过5%。此外,参考欧洲技术认可组织(EOTA)颁布的《Guideline for European Technical Approval of Falling Rock Protection Kits》(2012版)中冲击试验模型不小于3跨的要求,本规程规定计算及试验模型应不小于3跨。

7.4.3 根据大量国内外被动柔性防护网工程的现场调查和试验研究发现,整体结构和各部件的承载力只是满足设计要求的基本因素,其关键因素在于各部件的组配方式是否足够合理,即通过承载力、变形设计及连接、构造措施是否能保证各部件的耗能比例处于合理区间内,以促使各部件间充分协同工作。因此,在设计时应不能轻视设计冲击动能在各部件间的合理匹配关系。

7.4.4 参考欧洲技术认可组织(EOTA)颁布的《Guideline for European Technical Approval of Falling Rock Protection Kits》(2012版)中冲击试验的规定,为了考察被动防护网是否能够承受持续冲击,并观察被动防护网高度的降低在可接受的数值范围内,保证被动防护网的正常使用,应首先对中间跨连续进行两次冲击(SEL冲击工况),冲击动能按设计极限防护能量的1/3考虑。在SEL工况冲击过程中,第一次冲击后从被动防护网中移走冲击试块,在不更换任何的部件的情况下,进行第二次级冲击。两次连续冲击后,可根据破坏情况仅修理或者更换受损部件,或使用新的被动防护网,然后应对中间跨按设计极限防护能量的冲击动能进行一次冲击(MEL冲击工况),以考察被动柔性防护网是否满足设计防护要求。此外,对于不同的防护等级为需考虑不同的加载工况,一级的防护网还应考虑支撑结构直接被冲击后对整体结构的不利影响。

7.4.5 从既有研究来看,落石直接冲击钢柱时,钢柱常会出现屈曲并损伤。虽然这种工况发生概率较小,但实际中仍然存在,因此要求设计时应考虑这一不利作用。当考虑这种作用时,允许动柔性防护网结构发生破坏,但不应出现解体崩溃,且应能实现落石拦截。

7.4.6 采用有限元计算方法时,选用的计算程序应能满足被动柔性防护网在高速冲击作用下的大变形、大位移、不均匀连接滑移等强非线性问题的分析要求。

7.4.11 根据式(8)计算得到的支撑绳上耗能装置的数量 $n_{s,d}$,为整体结构的支撑绳上耗能装置总数量,实际取值时为尽量保证上、下支撑绳上的耗能装置对称布置,总数量不小于计算结果且取4的倍数;根据式(8)计算得到的拉锚绳上耗能装置的数量 $n_{a,d}$,为与被冲击跨两端立柱相连的上拉锚绳上的耗能装置数量,实际取值时应不小于计算结果且取4的倍数。

7.4.12 经试验证明,耗能装置在动力冲击作用下的启动荷载和峰值工作荷载,均明显大于静力试验结果,因此,在设计时应采用相应的动力力学性能指标作为设计依据。耗能装置的动力力学性能试验方法应参考附录B中B.1.4的要求。

保证启动力大于钢丝绳最小破断拉力的 20%,是为了使耗能装置在施工安装过程中或遭受小能量冲击时不发生过早启动,保持整体结构初始形态和整体刚体。保证峰值拉力小于钢丝绳最小破断拉力的 70%,主要是为了防止耗能装置启动力过大而造成的钢丝绳被拉断。

7.4.14 钢丝绳的最小破断力随着其弯折角度的大小而变化明显。为保证结构在正常工作状态中钢丝绳有足够的承载力储备,应尽量增大与钢丝绳接触位置支座的转弯半径。

7.5 基础设计

7.5.5 当连接结构内力较大时,可以采用多根拉锚绳,或每根拉锚绳上面连减压环的位置再并联出多根绳子,端部再增设相应设计拉力的锚杆,以确保达到基础设计内力最小值的要求。

7.5.6 被动防护网的拉锚系统必须进行经过严格的设计计算,对于拉力较大的基础,需要将钢丝绳锚杆替换为压力注浆钢筋锚杆。本条款中,锚杆设计部分涉及的注浆体与锚孔壁的黏结强度、锚杆与注浆体的黏结强度及锚杆强度计算,采用的是传统意义的安全系数法,主要参考《公路路基设计规范》(JTG D30)、《岩土锚杆与喷射混凝土支护工程技术规范》(GB 50086)。

锚杆(包含钢筋锚杆和钢丝绳锚杆)设计宜先按式(11)计算所用锚杆体的截面积,选择每根锚杆体实配直径和锚孔直径,再用选定的锚孔直径按式(12)、式(13)确定锚杆体有效锚固段长度。

锚杆杆体与锚固体材料之间的锚固力一般高于锚固体与土层间的锚固力,因此,土层锚杆有效锚固段长度计算结果一般均按式(12)控制。

极软岩和软质岩中的锚固破坏一般发生于锚固体与岩层间,硬质岩中的锚固破坏可发生在锚杆杆体与锚固体材料之间。因此,岩石锚固段长度应分别按式(12)和式(13)计算,取其中较大值。

表 8 和表 9 数值主要参考《公路路基设计规范》(JTG D30)及《建筑边坡工程技术规范》(GB 50330)确定。

11 保养和维修

11.1 维修保养手册可由承包商会同材料供应商和生产安装厂家、设计院提供,承包商应就其要求向业主方或管理方予以说明和指导。保养维修工作宜委托专业公司专业队伍进行。